AF337517

RÉPONSE

De M. le Comte de SEMALLÉ,

AUX INCULPATIONS

De M. le Marquis de BROSSES,

DANS SON ADRESSE A LA CHAMBRE DES DÉPUTÉS, EN FAVEUR DE M. DE MAUBREIL.

Adresse qui a été renvoyée, par la Chambre, au Ministre de la Justice.

A PARIS,

L. G. MICHAUD, IMPRIMEUR-LIBRAIRE,

RUE DES BONS-ENFANTS, N°. 34.

M. DCCC. XVII.

RÉPONSE

De M. le Comte de Semallé *aux inculpations de* M. le Marquis de Brosses, *dans son Adresse à la Chambre des Députés, en faveur de* M. de Maubreil ;

Adresse qui a été renvoyée, par la Chambre, au Ministre de la Justice.

Monsieur le Marquis,

Si, en réclamant l'intervention de la Chambre des députés, pour obtenir la remise en jugement de M. de Maubreil, vous ne m'aviez pas accusé d'avoir abusé de l'autorité dont j'étais revêtu et d'avoir violé le droit des gens en l'arrêtant à Bruxelles ; si vous n'aviez pas donné à entendre que, pour justifier cette arrestation, je m'étais oublié au point d'accuser votre ami (c'est le titre que vous donnez à M. de Maubreil) d'avoir formé le projet d'assassiner le Roi, je serais resté tranquille spectateur de tous les événements auxquels la turbulence de M. de Maubreil a donné lieu depuis cette époque.

Votre dénonciation a été rendue publique par la voie de l'impression; il doit m'être permis de repousser par la même voie les inculpations que vous avez dirigées contre moi. Je le dois à moi-même, et encore plus à la qualité de Commissaire du Roi, dont il avait plu à S. M. de m'honorer.

Vous m'avez traité avec assez de rigueur, M. le marquis, relativement à l'arrestation de M. de Maubreil à Bruxelles, pour que je doive être étonné que vous n'ayez pas apporté en preuve des abus d'autorité dont vous m'accusez l'arrestation que j'ai faite à Paris de M. Dassies, au mois d'avril 1814, lorsque j'étais fondé de pouvoirs de S. A. R. Monsieur, lieutenant-général du royaume; et je ne dois pas être moins surpris que vous m'ayez fait grâce de l'arrestation de M. de Maubreil lui-même, que je fis conduire, comme vous ne pouvez l'ignorer, au secrétariat de l'autorité qui venait de se constituer sous la dénomination de gouvernement provisoire. Vous avez sans doute eu vos raisons pour passer ces faits sous silence; mais je crois avoir les miennes pour les mettre au grand jour.

M. de Maubreil, instruit de mes pouvoirs, vint me trouver le 9 avril. (Dès le 8 au soir, on m'avait parlé de ses projets, en m'engageant à lui donner des pouvoirs; mais j'avais cru devoir les refuser.) Il me pressa vivement de l'autoriser, et de mettre mon attache à ses opérations. Je lui déclarai que mes instructions me prescrivaient seulement de seconder les démarches qui auraient pour but d'accélérer le retour du Roi parmi nous et de tranquilliser les esprits, en faisant connaître les intentions paternelles de Sa Majesté.

M. de Maubreil parut peu satisfait de ma réponse : j'ignore si le gouvernement provisoire l'a recherché, ou si c'est lui qui a recherché quelques membres de ce gouvernement; j'appris, peu de jours après, qu'il en avait reçu les pouvoirs les plus étendus; et, à l'appui de ce fait, je vais rapporter textuellement les expressions dont vous vous servez dans votre adresse :

« Il (M. de Maubreil) fut chargé, par » le gouvernement provisoire et ses minis- » tres, d'une mission secrète et d'état, mis- » sion de la plus haute importance, puisqu'il

» lui fut délivré des ordres positifs de cha-
» que ministre, signés Anglès, Dupont,
» Bourrienne : ces ordres mettaient à la dis-
» position de M. de Maubreil la police de la
» France, les troupes françaises et tous les
» chevaux de poste (1).

Tous ces faits vinrent à ma connaissance dès le jour même. Le lendemain, j'appris *que cette mission de la plus haute impor-tance,* avait eu pour résultat l'arrestation sur le grand chemin d'une femme sans appui, privée de tout secours, et de l'enlèvement de ses effets.

Si cet acte de violence eût été commis au nom des personnes qui avaient donné des instructions et des moyens d'agir; si le nom sacré du Roi, dont M. le comte Armand de Polignac et moi étions les seuls commis-saires à Paris, n'eût pas été prononcé dans cette odieuse trame, j'aurais partagé l'indi-gnation publique; je m'en serais tenu là....., et je ne me verrais pas aujourd'hui dans la nécessité de rappeler au moins une partie de ce qui s'est passé.

Le 19 avril 1814, à 9 heures du matin, je vis arriver à Paris une voiture dans la cour

____

(1) Voyez *Pièces justificatives*, Nᵒˢ. I, II et III.

de la maison que j'habitais momentanément ; j'en vis sortir des caisses adressées au maître de cette maison, qui les reçut. Cette voiture était escortée par un maréchal-des-logis de hussards : je me hâte de l'interroger ; il m'apprend que M. de Maubreil, se disant colonel au service de S. M. le Roi de France, et M. Dassies, prenant le titre de commissaire du Roi, munis de pouvoirs, ont requis la force armée et arrêté une princesse qui leur a présenté des passe-ports des puissances alliées ; qu'ils l'ont fait descendre, ainsi que les dames qui l'accompagnaient ; qu'ils ont enlevé de la voiture plusieurs caisses ; qu'après les avoir transportées dans une grange voisine où ils étaient restés quelque temps, ils en avaient mis six dans cette voiture ; et que lui, maréchal-des-logis, avait été chargé par ces messieurs d'accompagner jusqu'au domicile de M**** ; qu'une septième caisse, plus grande que les autres, avec quatre sacs d'or ou d'argent, avaient été placés dans la voiture du prétendu commissaire (1).

---

(1) Tout cela s'est passé à une poste appelée Fossard, près de Montereau, sur la route de Sens.

(8)

A ce récit, je l'avoue, je frissonnai ; je fus frappé de l'audace de cette machination. Ses effrayantes conséquences ne m'échappèrent pas ; j'ordonnai que ces caisses fussent portées au secrétariat du gouvernement provisoire, où tout aurait dû être envoyé, puisque les ordres en émanaient.

Le lendemain, le sieur Dassies se présenta dans la même maison. M. de ****, beau-frère du propriétaire, me dit que c'était le coopérateur de l'expédition de M. de Maubreil : je l'arrêtai, j'en fis mon prisonnier, je saisis ses papiers, j'y trouvai les autorisations telles que vous les avez mentionnées, et telles qu'elles se trouvent à la fin de cette brochure. Dassies les réclama, parce qu'elles autorisaient sa mission : je les lui rendis, à condition qu'il m'en laisserait une copie attestée par sa signature. Le soir, je le conduisis à l'état-major français, place du Palais-Bourbon. Le même soir, sur les neuf heures, le valet-de-chambre de M. de Maubreil apporta une caisse (c'était la septième dont j'ai déjà parlé) chez le portier du même hôtel , avec ordre de la remettre au propriétaire. Ce portier vint aussitôt m'en avertir à l'état - major. A l'instant, j'allai chez le commissaire du quartier ; je l'emmenai avec moi, et il posa le scellé sur la caisse qui fut sur-le-champ portée au secrétariat du gouvernement provisoire.

M. de Maubreil suivit de près son valet-de-chambre, apportant avec lui les quatre sacs d'argent dont il a été question. Après lui avoir adressé les reproches que méritait sa conduite, je le fis conduire, par les maîtres de la maison, à M. le baron de Vitrolle. Le lendemain je me rendis chez M. le baron Saken, qui était alors gouverneur de Paris; je l'instruisis de ce qui s'était passé : ce général m'en témoigna le plus vif étonnement; il m'apprit qu'il était déjà prévenu de l'insulte faite à la princesse de Wurtemberg, et que son souverain en avait éprouvé un extrême mécontentement.

MM. de Maubreil et Dassies se sont-ils ou ne se sont-ils pas conformés aux ordres secrets qu'ils avaient reçus? c'est ce que j'ignore. Ce qui est bien certain, c'est qu'ils étaient commissionnés du gouvernement provisoire, ainsi que vous l'avez dit. Je n'accuse personne; mais il serait difficile de croire que l'intention des coupables n'ait pas été de compromettre le Roi auprès des puissances alliées.

On sait que la princesse, qui a été si indi-
gnement traitée, est une des augustes vic-
times des effets de notre cruelle révolution,
la fille du roi de Wurtemberg, la sœur du
héros qui combattit avec tant de valeur
l'implacable ennemi de la souveraineté légi-
time. J'ai déjà fait observer que cette princesse était munie de passe-ports des puissances alliées, qui s'intéressaient vivement
à ses malheurs.......

Ces faits doivent suffire pour convaincre
les plus incrédules, que l'intention a été de
laisser planer sur la personne du Roi un
odieux soupçon. On s'était flatté d'affaiblir,
par cette criminelle intrigue, l'intérêt que
LL. MM. l'empereur de Russie et le roi de
Prusse témoignaient à la maison de Bourbon; enfin on s'était flatté d'étouffer subite-
ment ainsi la joie qui éclatait de toutes parts,
et de rouvrir la source des larmes qui, depuis vingt - cinq ans, arrosaient le sol de
notre malheureuse patrie.

MM. Dassies et Maubreil, que j'avais fait
conduire le même soir, l'un à l'état-major,
et l'autre chez M. le Baron de Vitrolle,
furent mis en liberté avec ajournement à
quatre jours, pour l'ouverture des caisses.

La princesse avait envoyé une de ses femmes pour reconnaître les bijoux qu'elles renfermaient.

Par suite de cette ouverture des caisses, et de la reconnaissance des effets qui devaient s'y trouver, MM. de Maubreil et Dassies furent conduits à la préfecture de police : ce dernier s'évada quelques mois après. M. de Maubreil, moins heureux, fut mis en jugement : le tribunal se déclara incompétent pour statuer sur un tel délit. Le prévenu fut renvoyé au ministre de la guerre, qui s'en empara et le fit transférer à l'Abbaye.

Telle était la situation de cette affaire, lorsqu'au milieu de l'effroi et de la douleur générale qui régnèrent à Paris, le 19 mars 1815, M. de Maubreil obtint son élargissement.

On devait croire qu'il se hâterait d'échapper au ressentiment de celui qu'il avait offensé dans la personne de sa belle-sœur; mais au lieu de cela, il se retira à Saint-Germain où, deux jours après, il eut des conférences avec Dassies et le nommé Villiaume, qu'ils envoyèrent ensuite à Bruxelles, où il fut arrêté.

J'appris par les papiers publics que M. de

Maubreil avait été arrêté par ordre de Buonaparte, et que, peu après, il s'était évadé, comme par miracle, selon vous, M. le marquis !

M. de Maubreil se rendit alors à Bruxelles avec vous. Les agents de la police du pays avaient reçu l'ordre de conduire, devant le commissaire du roi de France, tous les Français qui arrivaient dans cette ville ; vous fûtes conduit chez moi. Votre compagnon de voyage, qui se disait marchand de chevaux, allégua qu'il lui était impossible de vous y accompagner, à cause d'une blessure qu'il avait au pied ; il avait pris un nom sous lequel il n'était pas connu. Vous me proposâtes de signer son passe-port ; mais me voyant décidé à me transporter à l'hôtel d'Espagne où il était logé, pour recevoir sa déclaration, vous me fîtes l'aveu que ce prétendu marchand de chevaux était M. de Maubreil lui-même.

Je venais d'être instruit par mes correspondances de France, et par les déclarations du sieur Villiaume, que Dassies avait été à Lyon ; qu'il s'y était rapproché de Buonaparte ; qu'il était revenu avec lui à Paris ; et que, deux jours après, il avait eu des couférences à Saint-Germain avec M. de Maubreil : ces mêmes correspondances m'avaient confirmé son arrestation par la police de Réal. Le *Journal des Débats*, du 14 avril 1815 (1), m'avait aussi appris que le conseil des ministres de l'usurpateur s'était servi du nom de Maubreil pour diriger sur la maison de Bourbon ces mêmes calomnies dont la fausseté avait été si bien démontrée par les papiers saisis sur Dassies, et par les pouvoirs qu'avaient donnés les ministres du gouvernement provisoire.

Toutes ces circonstances ne me laissèrent plus de doute sur l'existence d'un accord entre Buonaparte, Maubreil et Dassies ; et cet accord ne pouvait exister que dans les intentions les plus funestes contre l'auguste maison de Bourbon.

La facilité avec laquelle cet échappé de prison venait de traverser cent lieues du territoire français ; la facilité avec laquelle il avait franchi la frontière et tous les postes militaires ; enfin son introduction furtive dans Bruxelles, son déguisement de nom et d'état, furent les motifs qui déterminèrent

____

(1) Voyez *Pièces justificatives*, N°. IV.

son arrestation. J'aurai pu le livrer aux autorités des Pays-Bas ; mais je crus qu'il était de mon devoir de remettre dans les mains du Roi celui dont le nom et la conduite avaient été employés pour accréditer une atroce calomnie contre Sa Majesté et sa famille : je le conduisis donc moi-même à Gand.

Le Roi, en m'ordonnant (1) de remettre M. de Maubreil entre les mains des puissances étrangères, doit les avoir assez convaincues de toute la perfidie de la machination dont Buonaparte et ces agents s'étaient flattés de tirer parti.....

C'est de vous-même encore, Monsieur, que j'emprunterai la suite du récit de l'arrestation de M. de Maubreil dans la Belgique. « M. de Maubreil, dites-vous, fut » transporté de Gand à Bruxelles , de » Bruxelles à Liége, où enfin il se sauva, et » rentra en France presque en même temps » que le Roi. »

A ces faits, dont je reconnais l'exactitude, je vous prie de me permettre d'ajouter une circonstance importante : c'est que le lende-

____

(1) Voyez *Pièces justificatives*, N°. V.

main de son arrivée à Gand, M. de Maubreil s'ouvrit les quatre veines dans la prison où il était détenu, et qu'il n'échappa à la mort que par les secours les plus prompts : ce fait est connu de tous ceux qui étaient alors à Gand.

Voilà, Monsieur, tout ce qui me concerne dans cette affaire ; voilà tous les rapports que j'ai eus avec celui que vous appelez votre ami. Si d'autres soupçons planent encore sur sa tête, si le public est informé de sa conduite ultérieure, c'est à vous seul qu'est due cette publicité. Vous vous êtes emparé de la trompette ; vous avez réveillé de grandes inquiétudes, en nous apprenant que M. de Maubreil fut arrêté le 11 juin dernier pour fait de conspiration : on avait à peine oublié que, le 23 avril précédent, il avait été arrêté dans le Maine ; qu'il avait échappé à ses conducteurs en arrivant à Paris, le 25. Cette première circonstance avait fait craindre quelque conjuration ; on s'était rassuré en voyant M. de Maubreil se promener dans la capitale, à Versailles, à Saint-Cloud ; enfin en le voyant libre sous les yeux de la police ; mais vous avez renouvelé les alarmes, en nous annonçant qu'il a subi plusieurs interrogatoires relatifs à une conspiration.

Cette déclaration, de la part *d'un ami*, a fait renaître les sollicitudes; l'intérêt s'est accru; les recherches se sont multipliées; on a appris qu'un nommé Lecomte, marchand de vin, au-delà de la barrière du Roule, reconnu généralement pour un honnête homme, a été arrêté à la Ferté-Bernard, comme complice, tandis qu'il était dénonciateur, puisque tout ce qui se passait entre M. de Maubreil et lui était dans le jour même rapporté à M. le comte de la Tourette, revêtu d'un grade supérieur, et chargé d'une partie importante de la police militaire; ou à M. Rivoire, son secrétaire, par un homme dont l'attachement à la légitimité a été éprouvé par de longs services dans la Vendée, et par de longues détentions dans les prisons de l'usurpateur.

Vous concevez, Monsieur, qu'un tel homme, lorsqu'il a été soupçonné de conjuration contre son Roi, lorsqu'il a éprouvé deux mois de prison pour avoir donné des preuves de sa fidélité; vous concevez, dis-je, que cet homme a dû, pour ne laisser aucun doute sur sa conduite, publier les faits relatifs à son arrestation, et qu'il a dû faire connaître les confidences qui lui ont été faites par M. de Maubreil. Les détails de ces confidences sont affreux, et ils alarment tous les sujets fidèles.....

On est surpris, qu'au lieu de demander que votre ami soit mis en jugement sur un fait de peu d'intérêt pour le public, vous n'ayez pas demandé qu'il fût jugé sur un fait qui intéresse la personne sacrée du Roi et la France entière ; je dirai plus, sur un fait qui intéresse les nations étrangères, puisqu'une expérience bien funeste leur a appris que les coups portés au trône des Bourbons, ébranlent aussi tous les trônes.

Si vous vous intéressez véritablement à M. de Maubreil, demandez qu'on ne le laisse pas plus long-temps gémir dans les prisons, sous le poids de l'accusation la plus grave; on applaudira à cette démarche : vous calmerez de grandes inquiétudes.

Mais si les dépositions et les dénonciations, qui ont été faites, avaient quelque fondement, que M. de Maubreil sauve sa patrie en déclarant ses coopérateurs; il connaît la bonté du Roi ; il sait qu'un aveu im-

portant à pu soustraire un coupable au sup-
plice déjà préparé; s'il n'a été qu'égaré, que
le souvenir du sang versé par les siens pour
la défense de l'autel et du trône, le ramène
aux sentiments d'un bon français. Le Roi
n'a pas oublié que, dernièrement encore,
ce sang, a été répandu au cri de *Vivent les
Bourbons*, en se mêlant au sang généreux
des Larochejaquelein (1).

Et vous, M. le marquis, comment n'avez-
vous pas prévu qu'en apprenant au public,
par votre adresse à la Chambre, que M. de
Maubreil avait été arrêté *pour cause de conjuration*,, vous justifiez complètement ma
conduite à son égard, et qu'en même temps
vous m'avez fait un devoir d'entrer dans
d'autres détails sur des circonstances plus
récentes?

---

(1) Il est ici question du marquis de Maubreil, qui a
péri à côté du marquis de Larochejaquelein dans la cam-
pagne de 1815.

Signé le Comte DE SEMALLÉ.

PIÈCES JUSTIFICATIVES.

N°. Ier.

MINISTÈRE DE LA GUERRE.

Copie des autorisations données à MM. de Maubreil et Dassies (1).

Paris, 16 avril 1814.

LE ministre de la guerre autorise M. Dassies à se présenter près des autorités militaires, et à requérir la force armée pour l'exécution des mesures qu'il prendra pour le service de S. M. Louis XVIII (2).

(*Le cachet du ministère de la guerre y est apposé*).

Signé, le Ministre de la guerre, général, comte DUPONT.

Au revers du présent ordre sont :

1°. Un ordre du général russe, baron de Saken, du 17 avril 1814.

---

(1) MM. de Maubreil et Dassies avaient chacun trois pouvoirs pareils, afin d'être à même de se séparer et d'agir l'un sans l'autre si les circonstances l'exigeaient.

(2) La religion du général Dupont avait été surprise. Dassies et Maubreil l'avaient assuré qu'ils avaient l'assentiment des commissaires du Roi ; et c'est aussi à la faveur de cette imposture qu'ils avaient obtenu le *visa* des généraux russes et prussiens.

2°. Un ordre du général prussien de la même date ; les deux ordres ci-dessus désignés, portent le cachet respectif de chaque général.

Approuvé le contenu ci-dessus, comme copie conforme à l'original,

Signé DASSIES.

N° 11.

COMMISSARIAT PROVISOIRE DE LA POLICE GÉNÉRALE.

Paris, ce 17 avril 1817.

Nous, commissaire provisoire près le département de la police générale, invitons les autorités administratives chargées de la police générale, de donner à M. Dassies tous les secours qui lui seront nécessaires et qu'il réclamera pour remplir la mission secrète qui lui est confiée.

(Contresigné, commissariat provisoire de la police générale).

Signé, le commisssaire provisoire, chargé du portefeuille de la police générale,

. ANGLÈS.

Pour copie conforme :

Approuvé le contenu ci-dessus, comme copie conforme à l'original,

Signé DASSIES.

Nº. III.

POSTES ET RELAIS DE FRANCE.

*Le conseiller d'Etat, directeur-général de
l'administration des postes.*

Le directeur-général des postes ordonne aux maîtres de poste de la route de Paris à tout autre lieu,
de fournir à M. Dassies, chargé d'une mission importante, le nombre de chevaux et postillons dont il aura
besoin, en payant suivant l'ordonnance, et de
veiller à ce que son service se fasse avec célérité.

Fait à Paris, à l'Hôtel des postes, le 17 avril 1814.

Le directeur-général ordonne aux maîtres de
poste de prendre toutes les mesures pour que le
voyage de M. Dassies n'éprouve pas le moindre retard.

Signé BOURRIENNE.

Pour copie conforme :

*(A été apposé sur le présent ordre le cachet du se-
crétariat général des postes.*

*Approuvé le contenu ci-dessus, comme copie con-
forme à l'original ,*

Signé DASSIES.

N°. IV.

Extrait du Journal des Débats, du 14 avril 1815.

Extrait des registres de la secrétairerie d'Etat.

CONSEIL DES MINISTRES.

(Les ministres d'Etat appelés.)

Séance du dimanche, 2 avril 1815.

Rapport des présidens du Conseil d'Etat.

Ligne 103 de ce journal, dernier-alinéa avant l'article 1er.

« Le traité de Fontainebleau a été violé par
» les puissances alliées *et par la Maison de Bourbon,*
» en ce qui touche l'empereur Napoléon et sa famille,
» en ce qui touche les intérêts et les droits de la
» nation française. »

ARTICLE Ier.

L'impératrice Marie-Louise et son fils devaient obtenir une escorte, des passe-ports, pour se rendre auprès de l'empereur; et loin, etc...

ARTICLE II.

La sûreté de Napoléon, de la famille impériale, était garantie (art. 14 du traité,) par toutes les puissances; et des bandes d'assassins ont été organisées en France sous les yeux du gouvernement français, et même par ses ordres, comme le prouvera bientôt la procédure solennelle contre le sieur de Maubreil, pour attaquer et l'empereur et ses frères, et leurs épouses, etc.

N°. V.

MINISTÈRE DE LA GUERRE.

Gand, ce 9 mai 1815.

Le sieur de Maubreil, français, ne pouvant être arrêté ou détenu par l'autorité militaire française sur le territoire des Pays-Bas, il est ordonné, de la part du Roi, à M. le comte de Semallé, de remettre le sieur de Maubreil entre les mains du baron d'Eckstein, commissaire extraordinaire de police de S. M. le Roi des Pays-Bas, et d'en tirer un reçu. M. le comte de Semallé exécutera sur-le-champ le présent ordre.

(Cachet du ministère de la guerre.)

Le Ministre secrétaire d'Etat de la guerre,

Signé le duc DE FELTRE.

Reçu le sieur de Maubreil de la part de M. le comte de Semallé, d'après les ordres de S. Exc. le Ministre de la guerre.

Signé, le baron d'ECKSTEIN.

Gand, ce 9 du mois de mai 1815.